I0154491

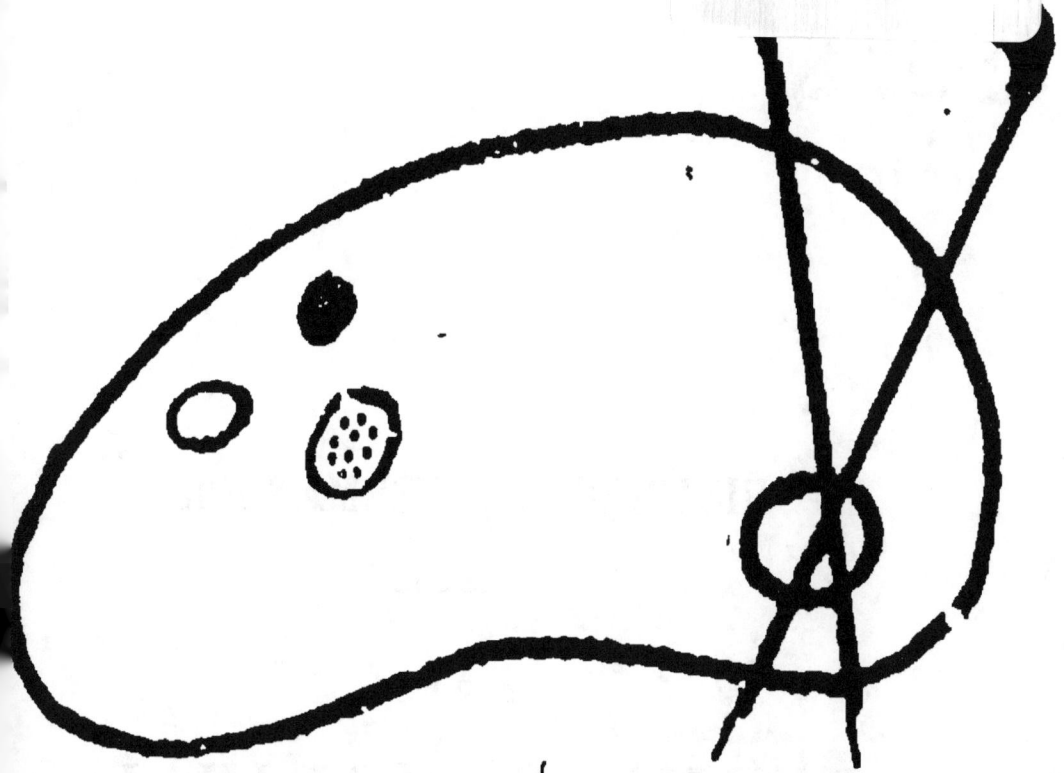

Couvertures supérieure et inférieure
en couleur

8°Y²
J·9028
(1)

132
4H.

HISTOIRES DU VERMANDOIS

LA

FERME GAUDRIVAL

*Episode des Guerres de Religion
en Picardie*

PAR

Maurice THIÉRY

LA

FERME GAUDRIVAL

8°Y²

49028 (1)

DU MÊME AUTEUR :

Hector Crixon, étude biographique.
Méhuel,   id.
Le Moulin de Bellevue, nouvelle.

THÉATRE :

Les Fiancés de Rosalie, comédie en 1 acte.
Entre les Deux,   id.
Une Journée orageuse,   id.

SOUS PRESSE :

La Politique au Village, nouvelle.
Contes de mon Village, contes en patois picard.

HISTOIRES DU VERMANDOIS

LA

FERME GAUDRIVAL

*Épisode des Guerres de Religion
en Picardie*

PAR

Maurice THIÉRY

PÉRONNE

Typ. et Lith. E. Quentin, Grande Place, 33.

MDCCCXCIV

TOUS DROITS RÉSERVÉS

LA FERME GAUDRIVAL

I

— Eh ! Jérôme, as-tu entendu ?

— Non... Qu'est-ce qu'il y a ?

— Tiens, écoute. . ce bruit de pas, de ce côté...

— Oui, en effet, répondit, sans conviction, Auguste, à demi endormi.

— Et ces branches qui remuent, ce feuillage froissé.

A ces indices, si faibles qu'ils fussent, on pouvait aisément deviner que quelqu'un, homme ou bête, se frayait un passage à travers l'épais taillis du bois de Crapier.

Octobre commençait. La nuit se faisait de plus en plus sombre. Ce bruit insolite, dans le bois silencieux, n'était guère de nature à rassurer les deux hommes en faction dans le fossé creusé sur la lisière du bois. Ces deux sentinelles ainsi perdues

1

dans l'obscurité étaient deux valets appartenant à la ferme de dame Hermance Gaudrival.

— Faut-il donner l'alarme ? demanda Jérôme à voix basse, à son compagnon.

— Attendons un peu, répliqua ce dernier. Faudrait voir avant à qui nous avons affaire.

A ce moment, l'homme qui intriguait si fort les deux factionnaires déboucha du fourré. Il se dirigea rapidement à travers champs, vers la ferme de Rennemont, située à peu de distance.

Doucement les deux hommes reprirent leur entretien.

— C'est encore ce huguenot de Gédéon qui sera venu rôder autour de la maison dans l'espoir d'y rencontrer Henriette.

— Nous avons aussi bien fait de ne pas donner l'éveil. Il se fera prendre un de ces jours... D'autant plus que dame Hermance lui en veut à mort.

— Quel dommage qu'il ne soit pas catholique.

La conversation changea. Jérôme reprit :

— Quel temps de misère... Quand donc le verrons-nous finir ?

— Si nous le voyons un jour.

II

L'homme qui venait de sortir du bois de Crapier était Gédéon Perceval, fils du fermier de Rennemont. Il avait rencontré quelque temps auparavant, par un hasard heureux autant que fortuit, Henriette Gaudrival et les jeunes gens, qui s'aimaient, avaient convenu ces rendez-vous presque nocturnes à des jours déterminés. Ces tête-à-tête n'étaient pas sans danger, mais, de même que pour les ivrognes, il il y a un Dieu pour les amoureux. Il le fallait, car la mère, connaissant la secrète inclination de sa fille, la surveillait étroitement. Quant à Gédéon, le moindre risque qu'il courait était d'être assommé par les gens de la ferme. Tel était l'ordre formel de la dame de céans... Une maîtresse femme que dame Hermance Gaudrival. Restée veuve après cinq ans de mariage, elle s'était mise résolûment à la tête de la ferme que possédait son mari. Depuis quinze années elle dirigeait en fermière consommée une exploitation agricole, importante pour l'époque, située dans une vallée fertile entre Bony et Ronssoy. Tout marchait au doigt et à l'œil sous l'administration vigilante de dame Hermance. Il fallait d'ailleurs qu'il en fût ainsi à l'époque troublée où se passe ce récit.

III

On était en pleines guerres religieuses, guerres de représailles qui, au XVIe siècle, ensanglantèrent la France, vers la fin du règne de Henri III, au moment où les luttes des partis avaient affaibli notre pays. En ces temps malheureux, l'autorité n'existait plus ; nulle sécurité ; partout régnaient le meurtre et le pillage ; le commerce et l'industrie étaient arrêtés ; l'agriculture, seule, subsistait encore, par endroits, mais combien déchue ; les champs, pour la plupart en friche, étaient parcourus par des bandes de loups affamés ; sur les routes nullement entretenues, l'herbe poussait, des ornières profondes se creusaient. Il n'était pas rare

d'entendre la nuit le son du tocsin et de
voir au loin flamber une ferme ou même
un village. Des bandes de pillards catholiques, réformés, ou soldats du roi d'Es-
pagne, profitant du désordre, parcou-
raient les campagnes, ravageant, tuant,
brûlant et rançonnant. Chaque hameau,
chaque ferme était obligé de se fortifier
et, la nuit venue, faire le guet, pour
éviter les surprises d'un ennemi battant
sans cesse la campagne.

La ferme de Gaudrival était dans ce
cas. Les ouvriers des champs, les valets
de charrue, les pâtres et les bergers
étaient constamment sur le qui-vive. Au
nombre d'une vingtaine environ ils mon-
taient la garde chaque nuit autour de
l'habitation et se relevaient d'heure en
heure.

Quoique bien protégée par d'importants
ouvrages de défense, la ferme avait déjà
subi plusieurs assauts repoussés vaillam-
ment par les assiégés.

Chaque fois que l'on conduisait du grain
sur les marchés de Saint-Quentin ou de
Cambrai, la majeure partie des ouvriers,

bien armés, escortaient les chariots de peur de rencontres fâcheuses.

Ces faits expliquent la présence des deux valets, sur la lisière du bois de Crapier, lequel finissait à l'extrémité du potager de la ferme.

IV

Gédéon, après avoir échappé à une mort certaine, grâce à la compassion des deux valets, était rentré à Rennemont. Son père l'attendait impatiemment : il le questionna sur le motif de sa rentrée tardive. Le fils prétexta une course à Bony. Le père s'en contenta sans insister. Il était plus de neuf heures et ils auraient dû être partis déjà pour le bois de Renelieu, car ce soir-là une importante assemblée de tous les réformés des environs se tenait dans les souterrains qui s'étendent entre Templeux et Ronssoy.

Le père et le fils partirent aussitôt. La nuit était obscure : un vrai temps de conspiration. Ils suivirent d'abord le chemin de Cambrai, puis gagnèrent par la chaussée Brunehaut, vieille voie romaine res-

taurée, le chemin Diversois. Ils traversè·
rent sur un primitif pont de bois la Cologne, petit affluent de la Somme et, lais-
sant Ronssoy à leur droite, ils arrivèrent
au bois où se trouvait l'entrée du souterrain. Cette entrée était gardée par deux
hommes armés qui leur demandèrent le
mot de passe. Ils s'engagèrent alors dans
les carrières en descendant par une sombre galerie.

L'histoire n'est qu'un continuel recom-
mencement. C'est ainsi que les premiers
chrétiens se réunissaient dans les cata-
combes de Rome.

Cette galerie donnait accès sur d'autres,
plus larges, formant salles. Ces souterrains
étaient d'anciennes carrières. Les pierres
qui en ont été extraites, transportées sur
la Cologne, ont servi à bâtir aux temps
mérovingiens l'église Saint-Fursy de Péronne.

V

Cette rivière de Cologne a son histoire.
Aujourd'hui elle ne commence plus guère
qu'à Tincourt-Boucly, alimentée par les
quelques sources qui jaillissent aux envi-

rons de ce village. Faible ruisselet d'abord, elle s'élargit un peu vers Doingt, et vient se jeter dans la Somme, à Péronne, près du faubourg de Bretagne. Son lit, bordé de saules, serpente dans un paysage charmant formé de prairies s'étendant de chaque côté de ses rives.

A l'époque dont nous parlons, elle commençait à Cologne, petit hameau proche d'Hargicourt. La tradition, transmise d'âge en âge, rapporte que ce nom de Cologne, d'où est venu celui de la rivière, remonte au temps de la conquête de la Gaule par Jules César. Les Romains avaient établi à cet endroit, admirable par sa situation, un poste d'observation, d'où le regard embrassait tout le pays d'alentour. Plus tard ils y fondèrent une colonie, en latin *colonia*, dont on a formé par corruption Cologne — en patois, *Couloinne*.

Le source de la Cologne, au dire des vieux, donna lieu, il y a des siècles, à des rivalités seigneuriales. Deux châtelains voisins se trouvaient en querelle. Or, sur les terres de l'un la Cologne prenait sa source. L'autre possédait un moulin qu'alimentait cette rivière. Le premier

pour nuire à son adversaire mura complè-
tement la source et obligea ainsi la rivière
à modifier son cours en déplaçant son
point de départ. Le ruisseau, docile, jaillit
à quelques kilomètres plus loin, à Roisel.

Mais revenons au souterrain de Templeux.

VI

Au moment où Gédéon et son père Frédéric y pénétraient, l'assistance était au
complet.

Dans une vaste salle faiblement éclairée
de torches résineuses se trouvaient réu-
nies toutes les fortes têtes du parti protestant des environs : réformés du Ronssoy,
de Templeux, d'Hargicourt et même de
plus loin. Debout le long des murs, par
groupes, ou accroupies en cercle, les cent
cinquante personnes qui composaient l'assistance parlaient toutes à la fois. Des
voix de basses cherchaient à couvrir des
filets de voix aiguës, à s'imposer, à domi-
ner le brouhaha général.

Lorsque personne n'arriva plus, une
sorte de géant paysan, colosse énorme à
barbe d'apôtre, cultivateur à Hargicourt,

se dressa de toute sa hauteur. Il se
nommait Hugues-le-Têtu. D'une voix
de tonnerre il réclama le silence. A
cette injonction péremptoire toutes les
têtes se tournèrent de son côté et chacun
se tut. Il jouissait auprès de ses coreligionnaires d'une autorité absolue due autant à sa force prodigieuse qu'à un grand
bon sens et à une éloquence naturelle.
S'adossant à la muraille, de manière à
avoir toute l'assistance devant lui, il prit
en quelque sorte la présidence. Il rappela
en peu de mots le but de la réunion, dé-
clara ensuite qu'il avait reçu des ordres
formels du parti protestant de Saint-Quentin, lequel les tenait de celui de Paris,
d'avoir à agir vigoureusement et sans retard afin de faire triompher leur cause.
S'adressant alors à l'assemblée il demanda
quels étaient les avis et ce qu'il fallait
décider. Le tumulte reprit de plus belle
et Hugues ne parvint que difficilement à
rétablir le calme. Une dizaine de personnes
prirent successivement la parole et émirent
les projets les plus insensés. Les uns vou-
laient brûler les maisons des catholiques;
d'autres demandaient l'extermination de

ces derniers ; d'autres encore pensaient qu'il était préférable de ravager leurs terres et de détruire les plantes à peine levées. Hugues les apaisa en résumant les opinions et proposa de commencer par saccager des églises. Des acclamations frénétiques accueillirent cette motion. Il décida que l'expédition aurait lieu la semaine suivante et qu'on choisirait une nuit sans lune. Il ajouta que si le moment n'était pas propice, l'entreprise serait différée. Il recommanda en outre le plus grand secret et une prudence extrême. Il prévint qu'on ne pourrait agir qu'en petit nombre et que pour ce coup de main il serait fait choix des plus résolus.

Le rendez-vous fut fixé au même endroit : d'ailleurs, ils seraient informés secrètement du jour. Enfin, en terminant, il annonça que, pour les exhorter à persévérer dans leur œuvre vengeresse et réparatrice, un pasteur leur serait envoyé de Saint-Quentin. Ces dernières paroles soulevèrent de nouvelles et bruyantes approbations.

La séance semblait finie et l'on se préparait à sortir quand une voix s'éleva.

C'était celle de Frédéric Perceval. Il indiqua comme un repaire à détruire, une action méritoire à accomplir, la suppression de la ferme Gaudrival. Hugues lui répondit que sa destruction était décidée depuis longtemps, mais que le moment n'était pas encore venu. Pour l'instant on allait commencer par Ronssoy; on verrait ensuite ce qu'il y aurait à faire.

Sur ces mots l'assemblée allait se séparer quand soudain firent irruption dans la salle les deux hommes placés à l'entrée du souterrain et commis à sa garde. Ils annoncèrent qu'ils venaient d'entendre, venant dans la direction du Ronssoy, une troupe d'hommes qui très probablement allait les assaillir à la sortie.

Ces paroles peu rassurantes firent réfléchir les protestants. Mais leur décision fut vite prise. Chacun s'arma de pierres et la sortie s'effectua tumultueusement. Les prévisions des sentinelles étaient justes. A peine les réformés arrivaient-ils hors du souterrain qu'ils furent accueillis par une grêle de projectiles. Ils ripostèrent de leur mieux, mais ils n'étaient pas assez nombreux pour soutenir avantageusement la lutte. Ils s'enfuirent de tous côtés malgré les formidables cris de ralliement de Hugues-le-Télu, qui, armé d'une massue, faisait un effroyable massacre de catholiques.

Frédéric et Gédéon, échappant aux agresseurs, prirent leur course à travers champs vers Rennemont. D'autres, moins heureux, furent traqués toute la nuit. Bon nombre étaient tombés grièvement blessés. Restés sur le champ de bataille, leurs gémissements les désignèrent à la fureur de leurs adversaires : ils furent assommés. C'était toujours ainsi que se terminaient ces escarmouches : nulle pitié pour le vaincu. Il n'y avait plus d'amis, plus de parents : il n'existait que deux partis en présence armés l'un contre l'autre pour une lutte fratricide, sans merci. Guerres farouches qui, en faisant des veuves et des orphelins, semaient après elles le deuil et la haine...

Une fois arrivés sur la chaussée Brunehaut, le père et le fils se trouvaient hors de tout danger. Ils entendaient au loin les derniers bruits de la lutte s'affaiblissant. Ils percevaient de moins en moins distinctement les hurlements de douleur des blessés entre Hargicourt et Ronssoy, les cris d'appel des vainqueurs appelant à la rescousse.

Parvenus au chemin de Cambrai, en toute sécurité, les deux fermiers causèrent. Le père en profita pour confesser son fils. Il lui demanda quelles étaient les raisons qui le faisaient agir de la sorte. Gédéon ne répondit pas. Il en aurait été d'ailleurs bien empêché. Est-ce que l'amour se raisonne? A l'appui de ce qu'il avançait, le père lui énuméra tous les partis auxquels il pouvait prétendre. Il n'avait que l'embarras du choix. Pourquoi s'obstiner à rêver un mariage impossible et exposer sa vie en des rendez-vous dangereux. Ne connaissait-il pas la haine terrible que la veuve Gaudrival avait vouée à ceux de leur parti en général et à eux, leurs voisins, en particulier? Il devait s'y résoudre, Henriette ne pouvait être sa femme. Dame Hermance ne consentirait jamais à pareille union et le ferait-elle, que lui, le père, ne le permettrait pas. Les deux familles ne s'y opposeraient-elles pas, qu'au-dessus d'elles, il y avait le parti qui ne tolèrerait jamais semblable mésalliance. « D'ailleurs, ajouta le père, concluant par cette phrase aussi brutale qu'un arrêt du destin, tu l'as entendu, la ruine de la ferme est décidée et il y a tout lieu de supposer qu'avec elle disparaîtront les personnes qui l'habitent. Il est de ton intérêt de renoncer, dès à présent, à cet amour sans issue. »

Frédéric se tut. Gédéon n'avait pas ouvert la bouche. Picard entêté, il gardait pour lui ses impressions. Ils pénétraient en ce moment dans la cour de la ferme. Ils échangèrent un rapide bonsoir et se séparèrent.

VII

Comment était donc né cet amour qui menaçait d'avoir des suites si terribles ? Le plus naturellement du monde.

Gédéon avait à cette époque vingt-trois ans C'était un garçon blond, courtaud, à figure rougeaude, avec un certain penchant à l'indolence. Laborieux, il travaillait courageusement quoique sans grande initiative. En ses mains, la ferme ancestrale ne courait pas risque de déchoir, mais elle ne prospèrerait guère non plus.

Henriette avait dix-neuf ans sonnés. C'était une grande fille aux manières gauches, l'air insignifiant, la figure régulière sans rien de caractéristique, sans expression. Ne craignant point la peine, aux champs ou à la maison, elle accomplissait sa tâche quotidienne sans défaillance, mais aussi sans enthousiasme. Ce n'est pas elle qui aurait jamais l'autorité dominatrice de sa mère. Comme on le voit, les caractères des deux jeunes gens sympathisaient assez. D'où, sans doute, l'affinité secrète qui les avait rapprochés. De plus, seuls enfants habitant la région, ils avaient joué ensemble dix ans auparavant dans les chemins creux, sur les routes avoisinant les deux fermes. L'inimitié entre les deux familles n'existait que depuis sept ou huit ans, c'est-à-dire à l'époque où Frédéric Perceval avait embrassé le protestantisme. Dès lors il leur avait été formellement interdit de se voir. Cette défense avait eu pour résultat d'accroître leur passion mutuelle. Mais cette surveillance étroite avait rendu les rencontres impossibles.

Une fois, cependant, deux ans auparavant, ils s'étaient trouvés, par hasard,
réunis et, de leur propre mouvement,
en quelques mots brefs, ils s'étaient
solennellement fiancés.

Ce fut le jour du tir annuel du geai
à Vendhuille.

VIII

Cette fête avait lieu chaque année le
lundi de la Pentecôte et le tireur assez
habile pour abattre le geai en était
proclamé le roi.

Aussi dès midi, après le dîner, les compagnies d'archers de Ronssoy, de Lempire, de Bony, d'Hargicourt et d'ailleurs,
bannières en tête, se rendaient à Vendhuille sous la conduite de leurs connéta-
bles. Mais il n'y avait pas que les archers
qui affluaient au tir. Les paysans aimaient
à prendre leur part — bien maigre,
hélas! — de cette fête. L'une des premiè-
res de l'année, elle était fort courue. Et
puis, ce jour marquait une sorte de halte,
de répit, rompant, pour tant de malheureux, la monotonie et l'âpreté du dur
labeur quotidien. Quand le mois de mai

se montrait clément, une foule de villageois et de villageoises, par théories, suivant les sentiers ensoleillés et les venelles fleuries se rendaient au tir du geai.

Il y avait, en outre, l'intérêt que chacun portait à ces jeux d'adresse. Une sorte d'amour-propre, une émulation de clocher piquait les populations. Chaque localité tenait à honneur de posséder le *roi du geai*.

Nos pays du Nord, les Flandres surtout, ont toujours été fort passionnés pour les exercices de tir à l'arc. En Picardie, nos aïeux avaient acquis une grande réputation comme archers et plus d'une bataille, au moyen âge, fut gagnée grâce à nos milices communales armées de l'arc. Nos pères continuèrent cette tradition. Il existe même encore des compagnies d'archers dans certains villages. Cependant, il y a quelque vingt ans, l'arc fut détrôné. Il dut céder la place au tir plus noble de l'arbalète. Durant nombre d'années ce fut une belle passion. Chaque commune comptait une et même plusieurs sociétés. Des concours très courus étaient

organisés. Mais il arriva pour l'arbalète ce qu'il arrive pour bien des cho-
ses : ce ne fut qu'une mode. Un nouveau
sport était soudainement entré dans nos
mœurs : vous l'avez deviné, j'ai nommé
le triomphant vélocipède. Aujourd'hui
toute localité qui se respecte a son
Véloce-Club et par les dimanches. de gai
soleil nos routes poudroient sous l'effort
des pédales pressées par les pieds agiles
de fringants cyclistes. Les bonnes gens,
extasiées au revers des talus, les regar-
dent passer, rapides comme l'éclair, en
s'écriant, non sans admiration : c'est le
progrès ! On veut aller vite : conséquence
naturelle d'une existence de surmenage
en cette fin de siècle outrancière. Au
temps jadis, la jeunesse allait au bois, se
promenait ou se reposait le dimanche du
travail de la semaine, en de paisibles parties de « cochonnets » ou de pacifiques
tirs à l'arc; à présent, on couvre des
kilomètres ou on bat des records, monté
sur une bicyclette. Est-ce un bien, est-ce
un mal ? L'avenir nous l'apprendra peut-
être... Ne récriminons pas et sachons être
de notre temps.

Mais nous voilà bien loin du tir au geai de Vendhuille.

Dame Hermance, suivant la coutume populaire, assistait chaque année à la fête. D'assez bon matin elle était partie de Gaudrival avec sa fille Henriette. Elle allait voir des parents qui lui rendaient sa visite à la fête de Bony. Ensemble ils assistaient d'abord à la messe, puis on prenait le repas de midi : repas de fête qui durait plusieurs heures.

Gédéon, lui, était parti après le dîner avec quelques jeunes gens de Bony, ses camarades d'enfance Ils suivaient à peu de distance les archers de ce village dont on voyait, au-dessus des champs verdoyants, flotter la bannière ornée d'une grossière image de Saint-Sébastien, patron des chevaliers de l'arc.

IX

Vers deux heures de l'après-midi, la foule accourue des environs était massée sur la place, près de l'église.

Un coup de cloche tinta : c'était le signal. Un vaste espace était réservé aux tireurs, groupés par compagnies. Le sort assigna un rang à chaque société. Roussoy eut le premier tour. Il y avait huit compagnies, composée chacune de dix tireurs, car à cette sorte de tournoi les meilleurs seuls prenaient part Les autres, venus en curieux, les animaient du geste et de la voix. .

Sur la plus haute branche de l'arbre le plus élevé de la place était légèrement attaché un geai factice orné de plumes multicolores. Le tir commença. Chaque archer de chaque compagnie vint successivement prendre place à l'endroit désigné et lancer sa flèche avec des précautions minutieuses, des raffinements de visée qui dénotaient des gens experts dans l'art de manier un arc. Un premier tour eut lieu sans résultat. Quelques tireurs renommés frôlèrent bien l'oiseau mais sans l'atteindre. L'un d'eux détacha même une plume, ce qui souleva les acclamations de la foule.

Un deuxième tour recommença. Chaque fois qu'un archer connu pour son adresse se préparait, ses amis l'excitaient par des cris et des apostrophes. Sans sourciller, quoique fier de ces marques d'intérêt, il envoyait sa flèche qui passait près du geai, parfois trouait une feuille, montait quelque peu au-dessus de l'arbre, puis retombant droit, venait se ficher en terre dans un espace laissé libre.

Ce fut un tireur d'Hargicourt qui transperça et fit tomber le corps de l'oiseau. Il fut proclamé roi du geai. Ses camarades le portèrent en triomphe autour de la place, escortés par la foule, et le déposèrent à la porte d'un petit cabaretier qui débitait de la bière aigrelette.

En un clin d'œil la scène se transforma. Le cabaretier adossa une table à un arbre, plaça une chaise sur la table et un vieux clarinettiste, escaladant la table, s'assit sur la chaise et souffla dans son instrument pendant que les couples s'enlaçant se mettaient à tournoyer sur le gazon raboteux.

Cette victoire, remportée par une compagnie d'archers protestants, souleva à peine quelques vagues murmures dans l'assistance : faible protestation d'un groupe de catholiques fanatiques. Les esprits n'étaient pas encore montés au point où ils en arrivèrent quelques années après:

les jeunes gens mêlèrent leurs danses sans qu'aucun incident se produisît.

Dame Hermance Gaudrival et sa fille ainsi que les parents de Vendhuille, parmi lesquels se trouvait une jeune fille de l'âge d'Henriette, se promenèrent autour du bal improvisé Les deux jeunes filles dansèrent même pendant quelque temps. Elles auraient dansé davantage sans l'incident qui survint. Gédéon, à un moment, placé près d'Henriette, avait sollicité la faveur d'un quadrille. Elle avait acquiescé, heureuse, sans songer à sa mère. Mais Gédéon usa de ruse. Pour éviter tout empêchement, il laissa commencer le quadrille, puis s'avançant furtivement vers la jeune fille, il lui saisit le bras et tous deux s'élancèrent. La chose s'était passée si rapidement que les deux jeunes gens étaient déjà loin quand la mère voulut s'opposer à ce rapprochement. De peur de provoquer un scandale elle se contint, mais la colère grondait en elle. Elle avait hâte que le quadrille fût achevé pour retourner à Gaudrival. Afin de partir plus promptement, elle annonça son intention à ses parents. Ceux-ci essayèrent bien de la retenir. Rien n'y fit. Pendant ce temps, les deux jeunes gens qui, depuis longtemps, ne s'étaient pas trouvés si près l'un de l'autre, déplorant les rivalités de leurs familles, se juraient un amour éternel et convenaient de se rencontrer aux environs de la ferme certains jours à heure fixe.

La clarinette se tut. Le quadrille était fini. Henriette rejoignit sa mère. Cette dernière jeta un regard haineux sur Gédéon et prit rapidement congé des cousins de Vendhuille, après les avoir conviés à la fête de Bony. Les jeunes filles étaient désolées d'un si brusque départ. Le soleil était encore élevé sur l'horizon et le bal durait jusqu'à son coucher. Henriette hasarda une timide protestation. Mal lui en prit, car sa mère lui répondit durement et sèchement qu'elle avait à lui parler. Henriette comprit.

En effet, le retour à Gaudrival ne fut qu'une scène terrible mêlée d'invectives et de menaces. Tant et si bien qu'à la fin la jeune fille se mit à pleurer.

Rentrées à la ferme, Dame Hermance envoya Henriette se coucher sans souper.

Puis elle parcourut les bâtiments de la ferme et chaque domestique dut essuyer la colère de la maîtresse courroucée.

Henriette garda longtemps le souvenir du tir au geai de Vendhuille. Elle se rémémorait le quadrille exécuté en compagnie de Gédéon. Cet acte que blâmait si fort dame Hermance eut pour effet de resserrer encore davantage la surveillance dont elle était l'objet et de longtemps Gédéon vint à Gaudrival sans rencontrer Henriette. Il accusait la jeune fille quand il n'aurait dû s'en prendre qu'à la mère.

X

Reprenons maintenant notre récit à l'endroit où nous l'avons laissé, c'est-à-dire après l'échauffourée du bois de Renelieu.

Deux mois s'écoulèrent avant qu'une nouvelle réunion eût lieu. Les séances au souterrain furent abandonnées. Les protestants craignirent de provoquer de nouvelles bagarres. Hugues-le-Têtu proposa aux réformés d'Hargicourt de se réunir chez lui, dans sa grange. Il fallut un assez long temps pour prévenir les coreligionnaires du Ronssoy et de Templeux — et surtout pour le faire discrètement, sans éveiller l'attention des catholiques. Enfin au jour et à l'heure fixés, vers le milieu de la nuit, plus de cent cinquante huguenots assistaient au prêche qui fut suivi d'une séance des plus tumultueuses. Il s'agissait de frapper un grand coup, de venger d'une façon éclatante les victimes de la dernière réunion et d'effrayer le parti adverse.

Après des débats violents et contradictoires l'entente se fit sur le sac et l'incendie de l'église du Ronssoy. Il restait à régler la marche à suivre. On ne pouvait agir en troupe nombreuse. Il fut décidé que dix personnes seulement, choisies parmi les plus hardis d'entre eux seraient chargées de l'entreprise. Séance tenante le choix fut fait. Trente protestants des trois communes réclamèrent l'honneur de faire partie de l'expédition. On dut tirer au sort pour en éliminer vingt.

On était à la mi-décembre. Le moment

était donc favorable : des nuits longues et obscures, un temps constamment pluvieux se prêtaient à la circonstance. Mais Hugues proposa de reculer encore d'un mois, Il ne fallait pas, disait-il, rien laisser au hasard. Tout devait être prévu, calculé, combiné, de manière à ne pas échouer. Il était donc préférable d'attendre que les fêtes de Noël et celles du Nouvel an fussent passées avant de tenter quelque chose. Depuis le mois d'août 1564, un édit royal avait fixé le commencement de l'année au 1er janvier. Il avait lieu auparavant le jour de Pâques.

Après l'Epiphanie on commencerait les hostilités. L'assemblée se rallia à cette proposition. On convint d'une nouvelle réunion à quinzaine, sans autre convocation, afin de prendre les dernières dispositions. Rendez-vous fut donc donné chez Hugues qui enjoignit scrupuleusement les précautions ordinaires : l'arrivée par des chemins différents, à des heures distinctes et l'observation du silence le plus absolu. Tout se passa comme Hugues l'avait prévu. C'était un homme prudent et avisé, le chef qui convenait à ces hommes frustes et indisciplinés.

A quinze jours de là, l'avant-veille du Nouvel an, par une nuit sans lune, les réformés, plus nombreux encore que de coutume, pénétraient, entre neuf heures et minuit, par le jardin de Hugues et s'entassaient dans sa grange presque vide. Isolé de toute autre habitation, tous les interstices soigneusement bouchés, éclairé seulement par un faible lumignon, ce lieu était propice pour y fomenter un complot.

L'assemblée au complet, Hugues prit la parole :

« Vous savez tous de quoi il s'agit Je n'ai pas besoin de vous le répéter. Jusqu'ici rien n'a transpiré. Pour le triomphe de la cause que nous soutenons, il importe de continuer. Les neuf hommes désignés sont-ils là ? Huit se présentèrent. L'absent fut excusé par ses coreligionnaires Il était malade On pourvut immédiatement à son remplacement.

Hugues poursuivit :

« Voici ce que je vous propose. Vous convient-il que nous fixions le jour de notre vengeance au deuxième lundi de janvier ? — Tous acceptèrent.

« En conséquence, reprit Hugues, vous vous rendrez tous les neuf, ce soir-là, chez Pierre Lalenette, ici présent. Je vous y attendrai. Il faut que vous y soyez tous avant minuit. Pierre nous fournira la paille nécessaire. Si, d'aventure, l'expédition ne pouvait avoir lieu cette nuit-là, vous en seriez informés dans la journée. Elle serait remise au lendemain et ainsi de suite, de jour en jour, jusqu'au moment favorable. J'ai dit. Que chacun rentre chez soi et observe la plus grande discrétion. »

XI

Le soir convenu, les dix protestants, bien avant minuit, étaient réunis chez Pierre Lalenette. Cachés dans la grange, ils attendaient, silencieux et résolus, le moment de partir. Après plusieurs heures d'attente, quand Hugues jugea l'instant venu, ils se munirent de bottes de paille et de pioches et se dirigèrent vers l'église distante seulement de quelques centaines de mètres. Il s'agissait maintenant d'opérer dans le plus grand silence et le plus rapidement possible. Tout concourait d'ailleurs à la réussite de leur sacrilège dessein. L'obscurité était complète. Nul bruit ne se percevait dans le village endormi.

Parvenus devant l'église — une vieille bâtisse sans style dont la construction remontait à deux ou trois siècles — Hugues, d'une pesée formidable souleva la porte et aidé de ses compagnons, la fit sortir de ses gonds. Ils disposèrent alors la paille devant l'autel et au milieu de la nef, puis, tandis que Hugues battait le briquet, ils amoncelèrent les bancs. La paille s'enflamma. A cette lueur, plusieurs farouches iconoclastes, enlevèrent quelques statuettes grossières et de vieilles images garnissant les murs. Mais le temps pressait. Déjà l'incendie éclairait l'intérieur de la misérable église. En hâte, ils sortirent et coururent se réfugier chez Pierre Lalenette. Là, en toute sécurité, ils pouvaient attendre l'effet de leur acte sauvage.

Longtemps l'église brûla sans que l'éveil en fût donné. Le premier qui s'en aperçut fut un valet du château que les crépitements réveillèrent. Sautant hors de son lit, il courut sonner le tocsin à la cloche du donjon.

A cet appel bien connu tous les habitants furent sur pied en un instant, sauf les protestants.

On juge de la consternation des catholiques en voyant leur église devenue la proie des flammes. De plus, il était matériellement impossible de porter le moindre secours : l'édifice n'était qu'une vaste fournaise. La lueur de l'incendie fit accourir les paysans des villages voisins. En ces temps troublés les pauvres gens se prêtaient volontiers assistance.

Les protestants cachés chez Lalenette profitèrent du désarroi causé par le sinistre pour regagner leurs demeures.

De Gaudrival, les sentinelles, de faction à cette heure, aperçurent l'incendie dès le début. Ils réveillèrent bien les gens de la ferme, mais il ne fallait pas songer à s'absenter Il était à craindre que les protestants ne missent cet événement à profit pour tenter un coup de main. La nature du sinistre n'y fut apportée que dans la journée par des mendiants qui, chaque jour, passaient à la ferme.

Toute la nuit la population du Ronssoy resta levée. Au matin, une aube pâle de janvier éclaira tristement les quatre murs noircis et calcinés, tout ce qui restait de l'église incendiée.

Messire Gérard, seigneur du Ronssoy, ordonna une enquête qui amena la découverte d'une trainée de brins de paille conduisant jusque chez Pierre Lalenette. Cette constatation fournit une piste. Il n'en fallut pas davantage pour déclarer ce dernier, protestant avéré, coupable, ou tout au moins, complice de l'abominable forfait.

Dans l'après midi Lalenette fut appréhendé et conduit au château sous les huées menaçantes de la population massée sur la place.

La justice était terrible en ces temps à demi barbares. Lalenette subit la torture. Mais les supplices les plus épouvantables, inventés par la férocité humaine, ne purent lui arracher un aveu. Devant cette indomptable énergie, le tribunal, formé pour cette circonstance du châtelain, du chapelain et du bailli ne put, faute de preuves suffisantes, condamner Lalenette.

Il le renvoya chez lui estropié pour le reste de ses jours. Le malheureux, coupapable seulement d'avoir fourni un asile et de la paille à ses coreligionnaires, ne survécut pas aux atroces supplices qu'il avait endurés. Il succomba peu de temps après.

Mais cela ne satisfaisait pas la soif de vengeance des catholiques. Coûte que coûte il leur fallait des coupables Ils agirent différemment. Ils tirèrent au sort les noms de cinq calvinistes du village, connus pour tels, puis, sans autre forme de procès, ces infortunés furent arrachés de leurs demeures et jetés dans les oubliettes du château. On sait ce qu'étaient ces oubliettes. Des trous maçonnés, sortes de puits profonds de quinze à vingt mètres. Les malheureux qui y étaient précipités étaient tués dans la chute ou s'ils survivaient, par hasard, ils y périssaient infailliblement de faim.

Cette vengeance accomplie, les catholiques songèrent à relever leur église détruite.

Le seigneur offrit le bois nécessaire à la charpente. On trouva facilement de la pierre à bâtir dans les carrières voisines. Tous les habitants valides du village offrirent leur concours ou furent requis de force par le châtelain. Tant et si bien qu'au bout de six mois de travaux, l'église, celle qui existe encore actuellement, moins les parties latérales, qui ne furent édifiées que longtemps après, était entièrement reconstruite. Elle fut inaugurée à la Notre-Dame d'août.

XII

On arriva à la fin de mars sans autre incident. Le carême, cette année-là, fut d'une douceur exceptionnelle. A Gaudrival on procédait aux semailles de printemps. De tous côtés, sur les hauteurs, dans les vallons, les attelages retournaient la terre, tandis que les ouvriers répandaient sur les sillons l'avoine et l'œillette.

Sur un plateau voisin les valets de Rennemont étaient occupés à des travaux analogues. Mais tout se passait dans l'ordre le plus parfait, sans provocation aucune de part et d'autre. Depuis l'incendie de l'église du Ronssoy il semblait que catholiques et protestants eussent fait la paix. Cependant si la haine réciproque ne se manifestait pas ouvertement, elle n'en existait pas moins au fond des cœurs et n'attendait que le moment favorable pour éclater.

Suivant un petit sentier qui conduit de Lempire à Gaudrival, une femme entre deux âges, d'une mise fort simple, mais propre, arrivait à la ferme par cette après-midi printanière. C'était Margueguerite, une vieille amie d'Hermance. Marguerite trouva cette dernière, jamais inoccupée, en train de faire son beurre. Ce fut une fête, car depuis longtemps la fermière de Gaudrival lui avait fait dire d'aller passer la journée avec elle. L'hiver d'abord, des douleurs ensuite, avaient longtemps empêché Marguerite de répondre au désir de son amie.

Les deux compagnes d'enfance causèrent tout en travaillant, l'une à son beurre, l'autre à un ouvrage de couture qu'elle avait apporté.

Hermance lui demanda force nouvelles
du Ronssoy.

— En fait de nouvelles, je ne connais
pas grand'chose. Tu as appris l'incendie
de l'église. On a commencé sa reconstruc-
tion. Elle avance même vite. On espère
qu'elle sera achevée pour la fin de l'été.

— Et où dit-on la messe en attendant ?

— Dans la chapelle du château... Et
Henriette où est-elle ? interrogea Marguerite.

— Elle travaille en ce moment au jardin avec les deux servantes. Il sera bientôt temps de planter, il faut préparer la
terre. Elle va venir pour le goûter. Tu la
verras.

La conversation changea.

Marguerite parla des intentions de la
jeune fille. La mère lui répondit qu'elle ne
désespérait pas à la longue de changer
ses résolutions.

— Depuis des mois, ajouta Hermance,
elle n'a pas quitté la maison. Elle semble
résignée, mais cette résignation n'indique
rien. Je l'interroge quelquefois sans par-
venir à en tirer quoi que ce soit. Elle a le
caractère de son père.

Une cloche annonça l'heure de la collation. Tous les ouvriers revinrent à la ferme. Henriette et les deux servantes arrivèrent préparer le repas.

Marguerite, sur l'insistance d'Hermance, goûta avec les autres : repas frugal composé de pain bis et de lait beurré.

Le goûter terminé chacun retourna à son travail. Marguerite se disposa à partir. Elle avait une bonne heure de marche et le soleil se couchait tôt en cette saison. Hermance voulut l'accompagner jusqu'au chemin de Cambrai. Les deux amies devisèrent tout en cheminant. Le soleil radieux resplendissait dans le ciel d'un bleu éblouissant.

A l'intersection du chemin de Cambrai et de celui du Câtelet, les deux femmes s'arrêtèrent pour laisser passer une brillante et joyeuse cavalcade, tourbillon de soie et de velours C'était messire Gérard qui chassait. Sans s'occuper des céréales en herbe qui s'annonçaient superbes, tous, piqueurs et cavaliers, foulaient sans merci les terres de leurs serfs et manants. De loin les rares paysans aux champs grommelaient contre cette troupe turbulente. Quelques-uns même, les plus hardis, lui montraient le poing.

Messire Gérard, châtelain du manoir ronssoyen et vassal du duc de Vermandois, avait invité à une chasse au faucon nombre de seigneurs du voisinage, hobereaux comme lui et jouant aux petits potentats dans leurs domaines. Sur des chevaux richement caparaçonnés on reconnaissait Enguerrand de Roisel, Hugues de Villers-Faucon, Raoul, marquis du Câtelet, celui de Vendeuil, François, baron de Hervilly, ceux de Liéramont, Fins, Sorel et bien d'autres accomgnés de leurs épouses, nobles dames châtelaines, chevauchant sur de blanches haquenées.

Tous portaient au poing des faucons ou des éperviers dressés. Dès qu'un oiselet se montrait on enlevait la coiffe d'étoffe verte qui recouvrait la tête du rapace. Ce dernier fondait alors sur la bestiole et la rapportait docilement à son maître ou à sa maîtresse. Des paysans suivaient derrière, tant bien que mal, portant le produit de la chasse. D'autres en avant battaient les buissons pour en déloger les malheureux volatiles. Et toute cette troupe désordonnée, caquetant et riant, allait, joyeuse, insouciante...

Ces chasses à l'aide d'oiseaux de proie étaient une des distractions favorites des baronnets à cette époque. Tous ces châtelains qui passaient une partie de l'année à la cour des Valois, les y avaient vu pratiquer en de royales et fastueuses cavalcades. Ils avaient rapporté ce goût dans leurs terres au grand dam de leurs malheureux serfs, dont ces plaisirs compromettaient souvent les récoltes. De plus, sans souci des travaux à accomplir, ils étaient enrôlés dans ces chasses en qualité de rabatteurs.

C'est à une de ces joyeuses sorties qu'assistaient, spectatrices involontaires, dame Gaudrival et son amie Marguerite. Cette dernière ajouta en prenant congé d'Hermance :

— Ces gens sont heureux tout de même. Pour eux, chaque jour est un jour de fête. Ils ne connaissent de la vie que le plaisir, tandis qu'il y a tant de malheureux... Si tu savais les misères qui existent au village et l'impossibilité dans

laquelle on se trouve de les soulager. Ah !
nous vivons dans un bien triste temps ..

— A qui le dis-tu, répliqua la fermière.
Avec ces huguenots on n'est jamais sûr
du lendemain. Qu'adviendra-t-il de tout
cela, mon Dieu ? Nul ne le sait...

Sur ces paroles elle retourna à Gaudrival, car déjà le soleil disparaissait
derrière le village. Elle avait un bon
quart d'heure de marche et avant la nuit
toutes les portes de la ferme étaient closes
et soigneusement verrouillées.

Avant d'arriver au village, de nouveau
Marguerite rencontra la troupe des seigneurs qui rentrait au château. Arrêtée
au bord du chemin, elle attendit que
toute cette chevauchée fut passée. En la
voyant, plusieurs femmes, créatures inso-
lentes, s'adressant en riant à leurs compagnons, lui décochèrent quelque sarcas-
mes. Marguerite fit semblant de ne pas
entendre, puis elle continua sa route.

XIII

Depuis plusieurs mois, rien n'était venu
troubler l'harmonie qui semblait régner

entre les deux partis. Malheureusement ce n'était qu'une accalmie. L'orage allait gronder de nouveau et précipiter les évènements.

En mai, Hugues-le-Tétu convoqua tous les protestants de la région à une réunion. Cette assemblée se tint, comme les suivantes, chez Frédéric Perceval, à Rennemont. L'effet produit par les derniers évènements était apaisé, il s'agissait de ne pas perdre le résultat de plusieurs années de luttes, de montrer que le parti était plus fort que jamais et entendait conquérir ses libertés, notamment celle d'exercer librement le culte réformé.

Toute l'assistance fut de l'avis de Hugues. Restait alors à décider ce qu'il convenait de faire. L'entente eut lieu sur la destruction de Gaudrival et on choisit pour cette expédition le soir de la fête du Ronssoy. Cette fête avait et a toujours lieu à la Saint-Jean, aux environs du 24 juin.

Quinze jours séparaient encore de cette date. On convint d'une nouvelle réunion à huitaine et l'assemblée se sépara.

Gédéon n'était pas présent ce soir-là à

Rennemont. Son père, sous un prétexte quelconque l'avait envoyé à Saint-Quentin. Il se méfiait de lui et craignait que par amour il ne vînt à trahir le complot. Il devait l'y renvoyer également la semaine suivante.

Cependant rien dans l'attitude ni les manières d'agir du jeune homme ne semblait indiquer une volonté bien arrêtée d'entrer en lutte contre l'autorité paternelle. Rarement il s'éloignait de Rennemont et quand il le faisait, les motifs qu'il donnait, pouvaient être facilement contrôlés. Depuis de longs mois il n'avait vu Henriette. Mais en dépit de ces apparences l'amour restait vivace au cœur du jeune fermier. C'était le feu qui couve sous la cendre. S'il ne parlait jamais de ses aspirations secrètes il y pensait souvent. La passion, tenace chez les natures peu expansives, pousse des racines profondes, inextirpables.

Avec le mois de juin était venu la fenaison. Dans les vallons avoisinant la ferme, les plantes fourragères tombaient au rythme lent des faux. Tous les ouvriers coupaient trèfles et luzernes.

Et, quand la nuit arrivait, au lieu de prendre un repos bien gagné, il fallait monter la garde à tour de rôle à l'extérieur de la ferme. L'aventure suivante est une preuve que cette surveillance était une nécessité de l'époque.

Un soir, tout le monde dormait à Gaudrival. Soudain les cris des veilleurs mirent chacun sur pied. Les deux hommes en faisant leur ronde n'avaient pas été peu surpris d'apercevoir une douzaine d'hommes qui, munis d'échelles, allaient tenter l'escalade.

Rentrer vivement et jeter l'alarme, fut, pour les deux sentinelles, l'affaire d'un instant. En un clin d'œil, la fermière en tête, tous les ouvriers furent aux remparts. Il était temps. Une échelle dressée contre le mur portait une grappe humaine : deux soldats avaient même déjà pénétré dans la cour. L'échelle fut renversée. Dans la chute trois hommes se cassèrent qui un bras, qui une jambe. Ceux qui en sortirent sains et saufs s'enfuirent dans la direction d'Hargicourt. Les deux soldats entrés dans la cour furent traqués. Une véritable chasse à l'homme s'engagea.

Delogés de tous les endroits où ils cherchaient un refuge, couverts de blessures, ils furent finalement assommés.

On poursuivit les soldats qui s'étaient blessés en tombant et que leurs compagnons avaient abandonnés. Ils furent retrouvés aux gémissements qu'ils poussaient, se traînant dans le bois de Crapier, exécutés sur place et enterrés avec leurs camarades. Dame Hermance, revenue d'une alerte aussi chaude, fit servir à boire à ses hommes en attendant l'heure de partir aux champs, car le soleil allait se lever.

Ces douze soldats étaient des réformés allant rejoindre, vers la Loire, l'armée du Béarnais. Ils avaient appris quelques heures auparavant, en passant à Bony, où ils avaient soupé chez un cultivateur protestant, l'existence de cette ferme isolée, habitée par des catholiques. L'idée de tenter un coup de main leur était aussitôt venue. Ils s'étaient munis d'échelles et étaient montés à l'assaut des murailles. On sait le reste.

Les sept survivants arrivèrent à Hargicourt dès l'aube. Ils s'informèrent de

la demeure de Hugues-le-Têtu pour
lequel ils avaient une recommanda-
tion et lui racontèrent leur déconvenue de
la nuit. Hugues les calma en leur appre-
nant que leurs frères d'armes seraient
bientôt vengés. Il les garda une journée
chez lui, puis, leur indiquant leur route,
ils les envoya chez un protestant demeu-
rant à quelques lieues de là.

Le soir même se tenait à Rennemont
la réunion décidée huit jours auparavant.
L'événement de la nuit y fut vivement
commenté et sans retard on prit les mesu-
res nécessaires à l'exécution du plan
projeté.

On pouvait pour cette expédition agir
en grand nombre. Hugues prévint toutes
les personnes présentes d'avoir à se retrou-
ver chez Frédéric le dimanche suivant
dans la soirée. Il y avait moins de
précautions à prendre pour cette campagne que pour celle de l'église. Néan-
moins il recommanda une prudence
extrême et un silence absolu. Il importait
que rien de ce qu'ils ourdissaient n'arrivât
aux oreilles des catholiques. L'occasion
serait favorable pour tirer d'eux une

vengeance éclatante. Occupés toute la journée par la fête, ils ne se douteraient nullement des desseins prémédités.

XIV

Le samedi, veille de la fête, dans la soirée, un orage épouvantable s'abattit sur la contrée. Le lendemain, un chaud soleil d'été s'éleva sur la nature rassérénée et effaça les traces de l'orage.

Dans la journée, dame Hermance envoya une partie de ses domestiques à la fête du Ronssoy, triste fête en ce temps malheureux. Cinq ou six ouvriers seulement restèrent à la ferme. Elle-même accompagnée d'Henriette alla rendre visite dans l'après-midi à son amie Marguerite, mais elles rentrèrent de bonne heure.

A la nuit tombante, par tous les chemins, aboutissant à Rennemont, arrivaient des hommes aux allures suspectes. C'étaient les réformés des villages voisins qui venaient venger la mort de quelques-uns des leurs après l'incendie de l'église du Ronssoy.

Vers dix heures plusieurs centaines de protestants se trouvaient réunis à Rennemont. Hugues, comme toujours, prit la direction de l'expédition. Il partagea la troupe en trois groupes avec ordre de cerner entièrement la ferme et d'opérer simultanément.

Gédéon refusait de faire partie des assaillants. Son père menaça de le tuer. Il dut suivre de force.

Ils se munirent de bottes de paille, de lanternes allumées qu'ils cachèrent sous leurs vêtements et, à la file indienne, afin de mieux dissimuler leur présence, silencieusement, toute la troupe prit le chemin de Gaudrival. Arrivés près des fossés, ils cherchèrent les sentinelles qu'ils trouvèrent endormies à l'entrée du bois. Les libations faites dans la journée, et auxquelles ils n'étaient pas habitués, avaient empêché les deux valets de se tenir éveillés. Les protestants les firent passer de vie à trépas. Puis les fossés à demi remplis d'eau furent franchis sur des échelles et les murailles escaladées sans le moindre bruit. Les chiens hurlèrent, mais personne ne répondit à leurs aboiements : il aurait, d'ailleurs, été trop tard. Une gerbée enflammée fut jetée sur le toit de la grange, tandis qu'au même moment, comme un signal, les étables flambaient et que du haut de la maison d'habitation s'élançait un tourbillon de fumée aussitôt suivi de flammes crépitantes.

En un clin d'œil toute la ferme fut en feu. Construits en bois et en torchis, couverts en chaume, suivant la coutume de l'époque, les divers bâtiments fournissaient à l'incendie un aliment facile. Les valets, réveillés par les aboiements plus furieux des chiens, les cris de douleur des animaux domestiques, les hurlements de joie des protestants cernant la ferme, accoururent tous dans la cour. Ce fut un affolement général, un désarroi indescriptible. Les uns levaient les bras au ciel, implorant, les autres, furieux, montraient le poing aux protestants grimpés sur les murailles. Soudain deux apparitions se montrèrent : l'une noire, l'autre blanche ; c'était dame Hermance et sa fille. D'une voix de commandement la fermière, calme, en dépit des circonstances, cria :

Au souterrain! et elle entraîna vivement sa fille..

Ce souterrain avait une entrée secrète que, seule, Hermance connaissait. A son appel, tout le personnel de la ferme s'élançant à sa suite à travers les flammes, dans la fumée aveuglante, rentra dans la maison et descendit à la cave. Par une porte basse chacun s'introduisit dans le souterrain, à l'abri.

Les protestants, en voyant leurs victimes échapper, poussèrent des cris de rage et envahirent la ferme. Ils voulurent pénétrer dans la maison d'habitation: il leur fut impossible, car elle s'écroulait. Un seul y entra, ce fut Gédéon. La fuite d'Henriette l'avait poussé à cet acte désespéré.

Il ne leur restait qu'un parti à prendre, fuir au plus vite, car l'incendie allait être aperçu des villages environnants et bien sûr on viendrait au secours de Gaudrival. Déjà du côté de Bony on entendait des cris. Ils gagnèrent au plus vite, pêle-mêle, à la débandade, la ferme de Rennemont.

Toute la nuit les paysans affluèrent des alentours, mais il n'y avait rien à faire. L'incendie acheva son œuvre.

Cet acte sauvage demeura impuni. La ferme dépendait bien de Bony, mais comme aucune plainte ne fut portée, la justice, qui, d'ailleurs, à cette époque n'était qu'un mot, n'intervint point.

Que devinrent les hôtes de Gaudrival ? Les ouvriers, après être sortis du souterrain, passèrent la nuit dans le bois et, le jour venu, se rendirent chez des parents habitant les villages voisins.

Quant à Hermance et à Henriette, après avoir dit adieu à leurs domestiques, elles annoncèrent qu'elles se rendaient à Saint-Quentin où elles connaissaient l'abbesse d'un couvent Le monastère les reçut à bras ouverts. Dame Gaudrival, dans la suite, en devint même la supérieure et y mourut à un âge fort avancé.

Celui qui avait poussé à l'incendie, dans l'espoir d'en tirer profit en annexant les terres de Gaudrival aux siennes, fut la principale victime de cette action coupable. La mort de son fils unique, les remords auxquels il fut en proie lui firent prendre la vie en dégoût. Il fut assailli d'idées noires et rompit toutes relations avec ses coreligionnaires. Il ne songea même jamais à cultiver les terres qu'il avait espéré s'approprier et mourut misérablement quelques années après

Gaudrival resta un monceau de décombres pendant une dizaine d'années. Les habitants de Bony allèrent chercher, chaque hiver, pour en faire du combustible, ce qui restait du bois carbonisé.

Lorsque Henri IV eut pacifié son royaume, apaisé les luttes des partis en accordant aux protestants par l'édit de Nantes le libre exercice de leur culte, un habitant de Villers-Outréaux, du nom de Gille, troisième fils d'un cultivateur de ce village, passant par hasard à Gaudrival, y vit les débris de la ferme détruite. Il prit quelques ouvriers avec lui et fit servir les pierres qu'il y trouva à la construction d'une habitation non loin de là, sur une colline. Il baptisa sa ferme de son nom et de la situation qu'elle occupait, Gillemont, dénomination qu'elle a gardée depuis.

Quant à Rennemont, à la mort de Frédéric Perceval, Gérard, seigneur du Ronssoy, s'en empara. Le nom de Rennemont s'est transformé à la longue en celui de Quennemont, appellation que porte encore aujourd'hui ce hameau.

XV

Bien des années se sont écoulées depuis la destruction de Gaudrival. Le temps, ce grand niveleur, n'a rien laissé à l'endroit où fut jadis la ferme, victime des excès religieux. Seul, dans la mémoire des paysans s'est transmis d'âge en âge, écho lointain d'une époque disparue, le souvenir de la ferme.

Mais à l'œil de l'observateur attentif apparaissent certains indices, fournissant une indication révélatrice. Le sol a conservé la trace des fossés qui entouraient la ferme. Des tranchées, des replis de terrain, de légers monticules, des rideaux du temps respectés, indiquent qu'autrefois ces lieux furent habités. La disposition des terres, des excavations que rien n'explique, laissent rêveur celui que la vue quotidienne de ces lieux n'a pas rendu indifférent.

De l'importante exploitation agricole de jadis, seul le nom, donné à la vallée dans laquelle elle s'élevait, est demeuré. Sur son emplacement s'étendent maintenant des champs de céréales, des carrés de betteraves, des étendues de terrain semées de plantes fourragères exposant au soleil leurs surfaces vertes, jaunes ou bariolées suivant la saison.

Le silence de la vallée n'est plus guère troublé que par les cris des laboureurs de Ronssoy, de Bony, de Lempire, d'Hargicourt et de Quennemont conduisant leurs attelages. Au temps des moissons les lourdes charrettes, les pesants chariots, ployant sous les récoltes, font retentir les échos de Gaudrival du bruit grinçant de leurs essieux surchargés.

A l'automne, de rares coups de fusil atteignent ou font détaler un non moins rare gibier.

Couronnant les crêtes des coteaux voisins quelques bouquets d'arbres, vestiges d'antiques forêts disparues — Crapier, Quennemont — dressent leurs vertes frondaisons au printemps, leurs rameaux

dégarnis en hiver. La ronce, le prunellier
dont les fruits — des *fourdroinnes* — ser-
vent aux villageois à fabriquer une
liqueur agréable, poussent à foison dans
ces endroits. Site paisible, agreste, pitto-
resque à ravir, propice à la méditation
et à la rêverie.

Pointant sur le ciel gris ou bleu, les
hautes cheminées des fabriques, des
râperies ou des brasseries, à l'horizon, se
panachent de fumée.

Parfois, non loin de là, un coup de sif-
flet strident déchire l'air ; c'est un bateau
qui, sur le canal de Saint-Quentin, s'en-
gage dans le souterrain de Macquincourt.
Une cloche, au loin, tinte l'angélus : ce
sont les seuls bruits qui troublent la soli-
tude de ces lieux vraiment champêtres.
Un berger mélancolique, ses chiens sur
ses talons ou courant le long des champs,
promène son troupeau à travers les chau-
mes. De ci de là, en plaine, au revers
des côtes, les paysans, dans le rude parler du Vermandois, s'interpellent de
loin.

Fertiles coteaux, verdoyants bosquets,

riant paysage, tels sont les décors virgi-
liens qui constituent aujourd'hui la
Vallée Gaudrival, d'historique mémoire.

www.ingramcontent.com/pod-product-compliance
Lightning Source LLC
LaVergne TN
LVHW050303090426
835511LV00039B/1177